서울 자가에 대기업 다니는
김 부장 이야기
3

차례

34화 마음에 안 들어 5

35화 좋아요 21

36화 냉기가 흐른다 37

37화 익숙한 것과 낯선 것 55

38화 부족한 마음 71

39화 중요한 문제 87

40화 철 좀 들어라 105

41화 희망찬 미래 121

42화 아직 젊잖아　137

43화 소용이 없다　155

44화 그렇게 재밌어?　171

45화 나름의 정　189

46화 숨통이 트인다　207

47화 다른 사람 다 됐네　223

48화 내 친구야　239

49화 성공의 기준　255

34화
마음에 안 들어

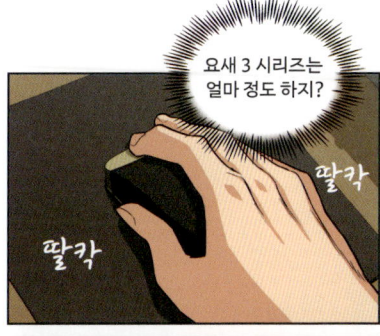

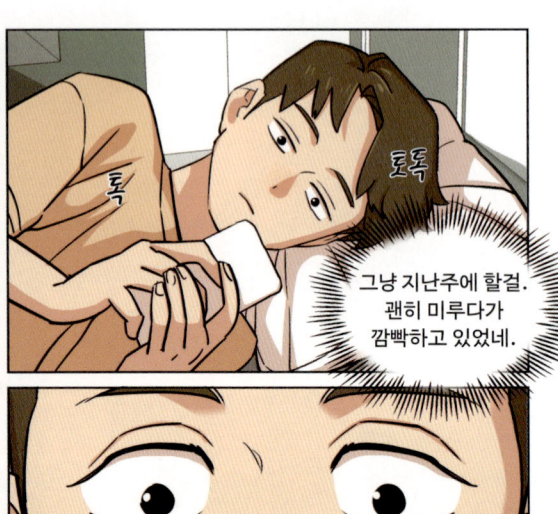

35화
좋아요

생존 본능과 직결된
몸에 밴 습관일 뿐이다.

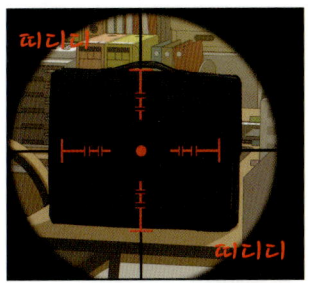

예리한 관찰력과 자연스럽고 과장된
리액션은 그의 가장 큰 무기이다.

얼핏 보면 친화력이 좋고 사회생활도
잘하는 것 같아 보이지만

굳이 안 해도 될 말 한 마디를
더 해서 초를 치니

어떨 때 보면 참 눈치가 없다.

어릴 적부터
살던 동네에선
명석하기로
소문이 자자했고

덕분에 꼼꼼하고
빠릿빠릿하게 일 처리를
잘 해내는 편이지만

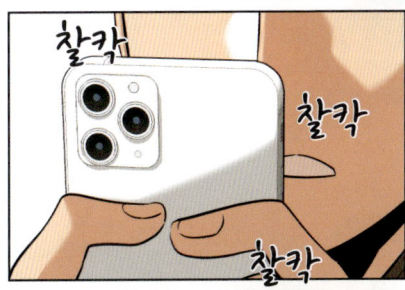

하트가 넘치는 오늘이 그저 행복하다.

좋아요 186개
Jung._.daeriXX** 좋다 심야드라이브

#벤츠 #심야드라이브 #가끔은 #일탈 #힐링타임

36화
냉기가 흐른다

쏨쏨이나 성격, 취향도 비슷했지만

솨아아

지금을 즐기자는 가치관이 참 잘 맞는 두 사람이다.

무엇보다 인생에 2막은 없다는 생각으로

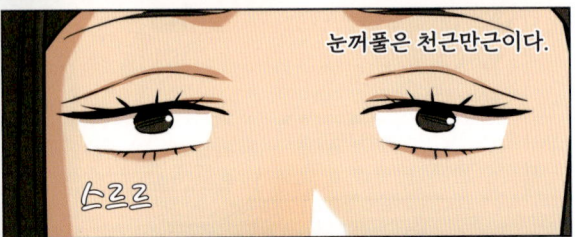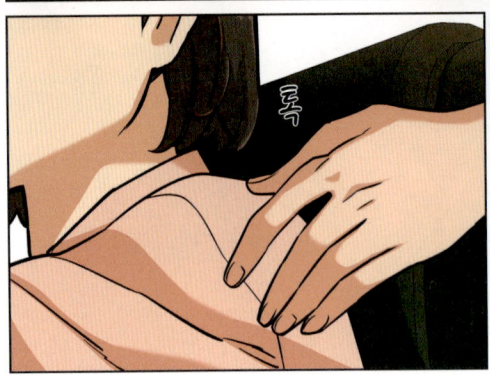

회사 일은 고달프고 그보다 더 고달픈 출퇴근길.

응.
나 지금 오빠네
집 근처야.

잠깐
나올 수 있어?

평소라면 지칠 대로 지친 몸을
소파에라도 내던질 시간이지만
오늘 발길을 돌린 이유는

어제 싸운 남자친구와 화해하기
위해서였다.

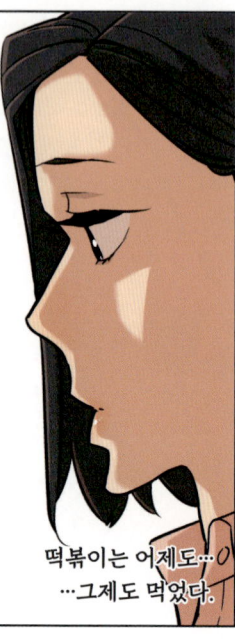

아무 일도 없었던 것처럼
웃으면서 인사하고 싶었는데
생각처럼 잘되지 않는다.

37화
익숙한 것과 낯선 것

38화
부족한 마음

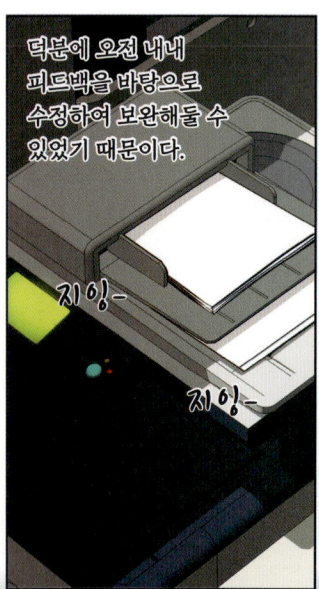

덕분에 오전 내내 피드백을 바탕으로 수정하여 보완해둘 수 있었기 때문이다.

한 달...

무려 한 달을 이 프로젝트에 몰두했다.

틈틈이 현장에 나가 꼼꼼하게 조사했고

모르는 것이 있으면 서슴지 않고 배우며 완성시킨 그녀의 첫 프로젝트 기획 보고서이다.

관련 전문가들의 인터뷰를 수집하는 것은 물론

그간 열정으로 불태운 자신의 시간들이 모조리 부정 받는 기분이다.

부족한 것은 본인이 더 잘 알기에 차라리 못했다고 호통을 들었다면 받아들일 수 있었을지 모른다.

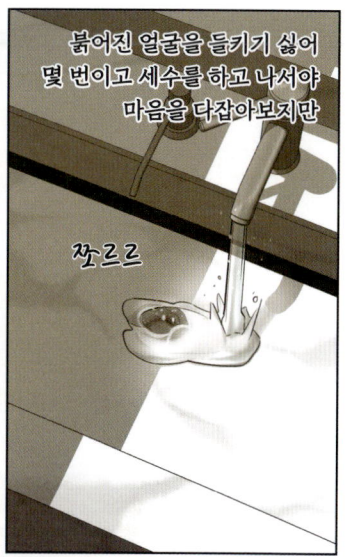

39화
중요한 문제

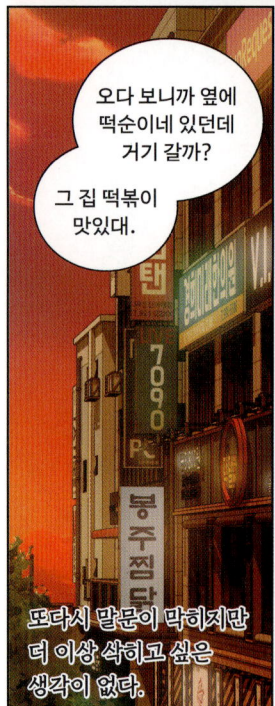

연애할 때는 보이지 않던
새로운 점들이 자꾸 보인다.

오늘 너무 힘들다. 오빠.

그냥…

그 새로운 점들이
좋은 점이 아니라는 게
문제다.

그냥 소주나 한잔 하고 싶어.

이상하다.

허구한 날 폭락 얘기만 하는 너튜버에게 후원금을 보내고, 게임에 수백만 원을 쓰고, 아직도 부모님께 손을 벌리는 게

적어도 본인에겐
너무나 이상하다.

…사실 돈 얘기는
서로 잘 안 해요.

저도 남자친구
경제 사정이
궁금하긴 한데…

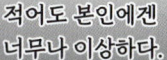

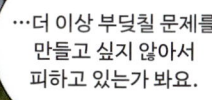

…더 이상 부딪칠 문제를
만들고 싶지 않아서
피하고 있는가 봐요.

40화
철 좀 들어라

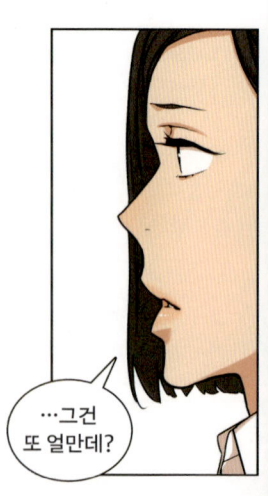

최대한 이해해 보고 싶지만 마음은 자꾸 철판 위의 곱창처럼 굳어만 간다.

주변의 시샘과 부러움이 섞인 시선들이 느껴진다.

대뜸 건네는 한마디는 역시나
카드 한도 이야기다.

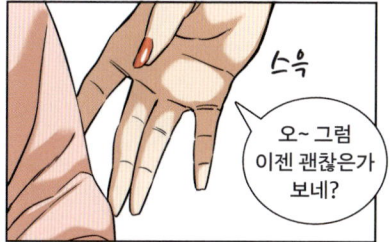

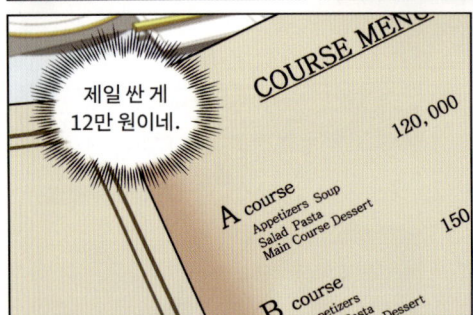

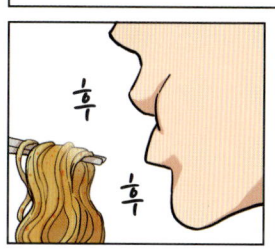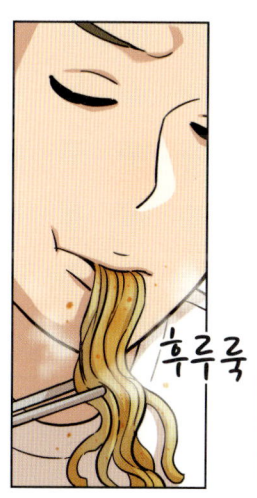

41화
희망찬 미래

예상은 하고 있었지만

권 사원이 준비한 보고서와는 그 내용이 많이 달라 보인다.

예상 실적은 팀에 유리한 방향으로 바뀌었고

시장 조사 자료는 현실과는 조금 동떨어진 이상적인 방향으로 편집되었다.

무엇보다 데이터 분석과 현장조사에서 발견된 부정적인 의견과 이미지들이

과감하게 축소되어 있다는 것이 가장 큰 차이점이었다.

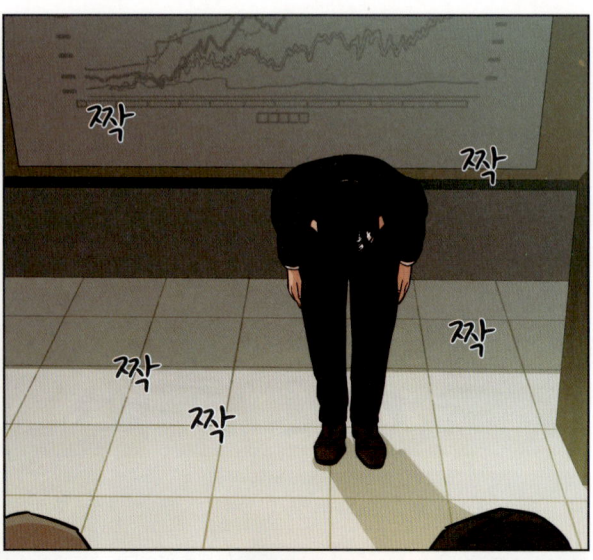

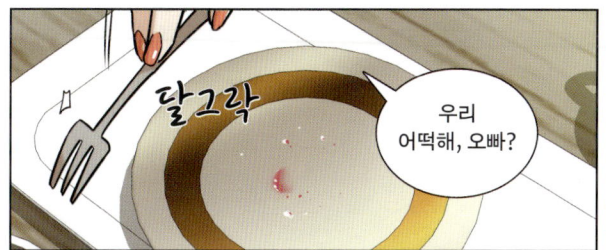

42화
아직 젊잖아

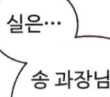

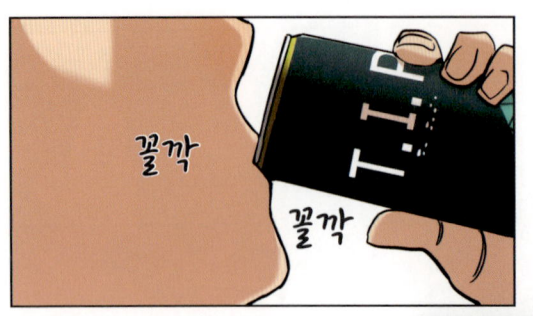

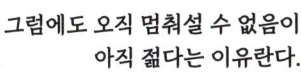

그렇게 권 사원은…

…그 해
최저 고과점수를 받았다.

43화
소용이 없다

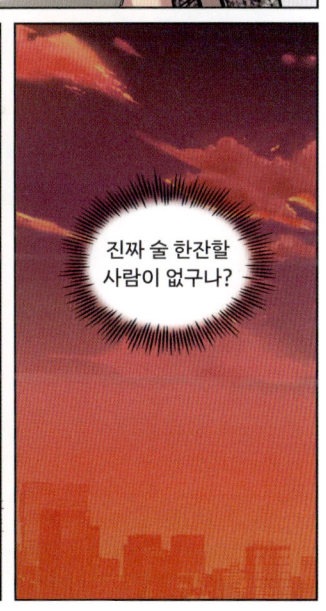

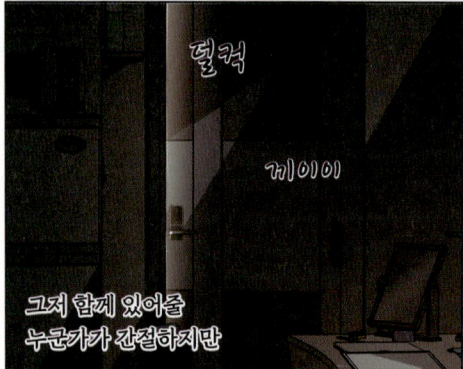

언젠가는 스스로 돈을 모아 집을 사겠다는 꿈을 키웠다.

어, 코피…

마음을 다잡기를 수천 번.

그렇기 위해선 당장 자신이 할 수 있는 최선을

누구보다 열심히 죽을 만큼 노력해 보기로 했다.

얘는~ 무슨 돈을 또 이렇게 많이 보냈어.	할머니는? 어디 아프신 데는 없고?
엄마는 괜찮다니까.	나야 밥 잘 먹고 다니지, 그럼~

대단한 진급을 꿈꾼 것도 아니었다.

웅. 엄마도 더운데 너무 무리하지 말고 쉬엄쉬엄해요.

그저 열심히 일하고 그 노력에 합당한 인정을 받으면 그것으로 충분했다.

적어도 평범한 일상을 되찾아준 이 회사에 뼈를 묻겠다는 각오가 있었다.

어, 부장님 오신다.

엄마, 끊어. 내가 이따가 다시 전화할게.

벌떡

네!

다들 회의실로 좀 모이지?

44화
그렇게 재밌어?

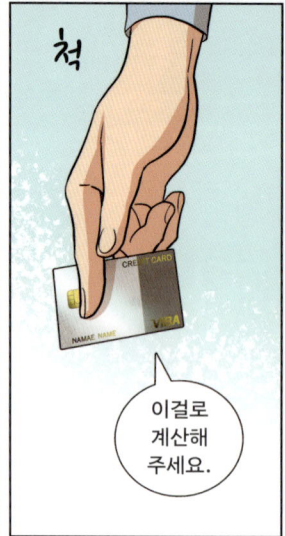

백화점 전체가 온전히 본인들을 위한 패키지 같아 보인다.

많은 하객들의
환호와 축복 속에서

손을 맞잡고 새로운 출발점에 서는 두 사람.

지금 이 순간만큼은 세상 누구도 부럽지 않고

누구보다 행복해 보인다.

지극히 당연하지만 낯설고 어려운
인생의 전환점.

그 앞에서 고민하고 있는 후배에게
진심을 담아 당연한 조언을 건넨다.

뭘 또 샀냐는
추궁을 하려다 말았다.

게임 하나 못 하게 하는
속 좁고 취미 안 맞는
여자친구로 보이고 싶진 않지만…

그게 그렇게
재밌어?

아무리 그래도 한 달 만에 만난 데이트 중에
보스전은 아니라는 생각이 든다.

뭐가 그렇게
재밌어?

너도 해 봐.
해보면 알아.

잠만… 거의
다 잡았거든?

45화
나름의 정

남자친구는 그제야 폰을 내려놓는다.

권 사원은 자신도 모르게 속마음이 튀어나온다.

다들 의식의 흐름대로 그저 자유롭게 떠드는 곳이다.

그중에서도 회사 게시판에 가니 이미 인사고과에 대한 불평 글들이 쏟아지고 있다.

생각난 김에 채용 정보 사이트에도 들어가 본다.

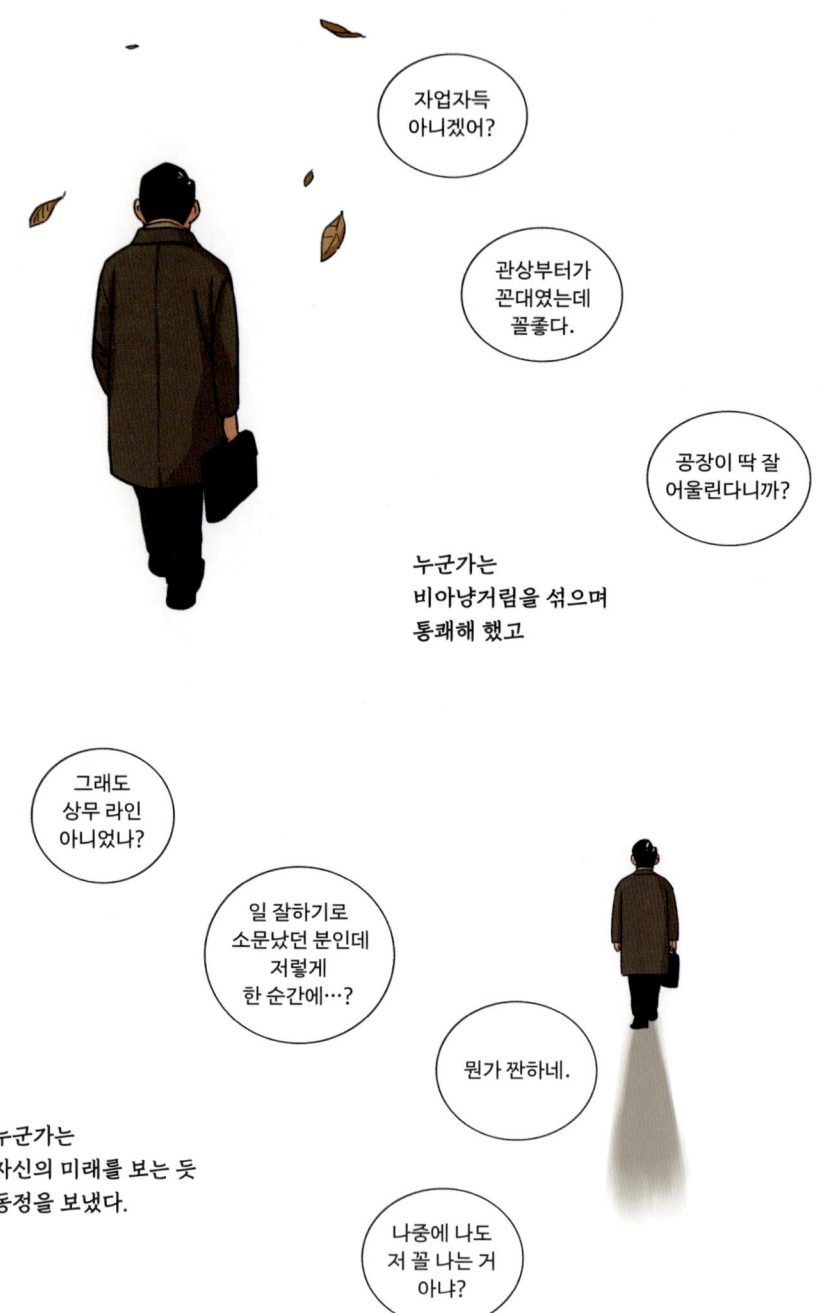

소문대로 최 부장이 합류했고
일시적이지만 양 팀원들이 합쳐졌다.

어쩌면

기대한 것 이상으로
일상이 달라질 것 같은
기대감이 생긴다.

46화
숨통이 트인다

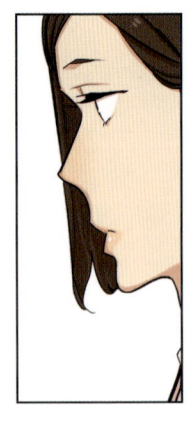

마음만큼이나 입이 무거워지는 밤이다.

말해 봐.

말 못 할 고민이 뭔지…

고민은 무슨~ 그런 거 없어.

그냥 오랜만에 집에 오니까 좋아서 그렇지.

한 마디 전조가 없어도 할머니는 어째서인지 그 마음을 다 꿰뚫어 보신다.

내가 살면서 가장 후회되는 게 뭔 줄 아니?

나를 위해 살지 못한 거야.

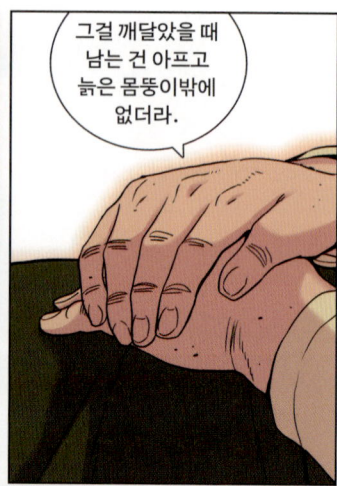

47화
다른 사람 다 됐네

…몇 시야?

모처럼 꿈도 꾸지 않고 깊고 편한 잠을 잤더랬다.

평소보다 늦은 시간에 잠들었지만

두시?

새해가 밝았다.

정 대리는 소망했던 대부분의 꿈을 이룬 것 같아 뿌듯하기만 하다.

와~
번듯한 직장과 외제 차.

자기야, 새해다! 저기 좀 봐.
전세지만 서울에 마련한 집과 함께 새해를 바라볼 아내가 있다.

알겠으니까 그만 좀 가자. 추워 죽겠어.
덜 덜 덜
그렇게 힘들게 얻은 집이건만 두 사람은 집을 자주 비운다.

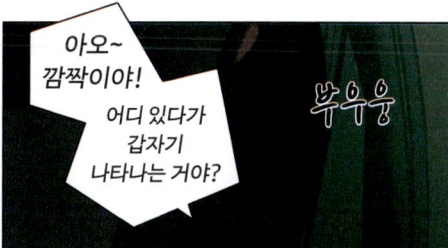

48화
내 친구야

"엄마! 나도 점퍼 하나만 사도!"

"왜! 그 있다 아이가... 노스 패딩!"

"서울 아들은 맨 그거만 입고 다니대?"

"뭔 점퍼? 니 입을 거 없나?"

"뭔 소리고? 쓸데없는 소리 고마 해라!"

집은 나름 중산층에 속했고

성적도 우수해 학급에서는 늘 반장을 도맡으며 친구들 중심에 있었던 그였다.

특히나 남에게 지고는 못 사는 승부욕 강한 성격이었는데

히히

"어! 베리야! 같이 가자."

"굿 모닝~ 베리 머치"

"이 정도면 시골 아라고 함부로 무시 못 하겠재?"

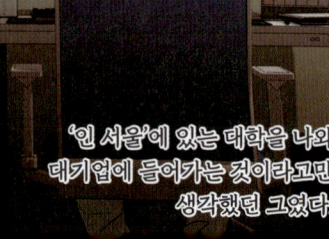

대학에 가면서 자연스럽게 사이가 멀어졌고…

월미도 콜?

연락처 바뀌었나 보네.

군대를 다녀오면서 자연스럽게 연락이 끊겼다.

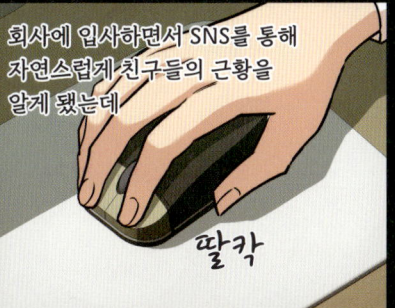

회사에 입사하면서 SNS를 통해 자연스럽게 친구들의 근황을 알게 됐는데

딸칵

차 엄청 비싼 거 타네?

팔로워가 70만? 이렇게 유명하다고?

어! 얘 베리 아니야?

어째서인지 온라인에서의 격차는 현실보다 훨씬 더 벌어져 있었다.

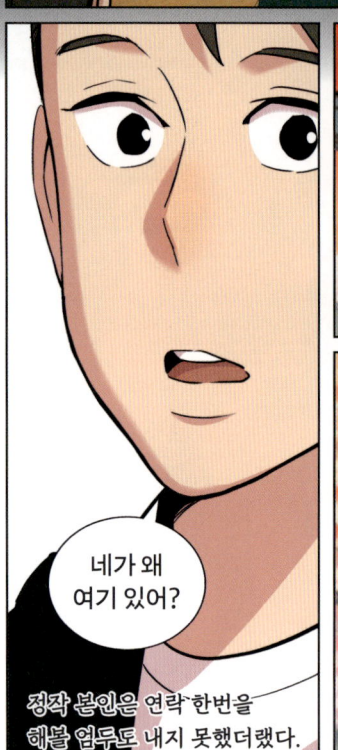

49화
성공의 기준

여길 통째로 빌렸다고?

오랜만!

어서 와~

헐~

오~ 반장 왔다!!

연기가 자욱한 식당에서 고기를 굽거나

기껏해야 조금 비싼 레스토랑에서 모일 줄 알았다.

무슨 동창회를 이런 데서 하나?

여기 베리네 아빠가 운영하는 호텔이잖아.

몰랐냐?

저 자식, 얼마 전에 재산도 어마 무시하게 물려받았대.

여~ 반장. 오랜만이다.

친구들에겐 여전히 본인에게 없는 그 자연스러운 부유함이 묻어 있었다.

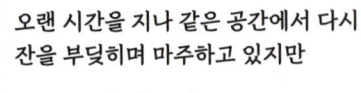

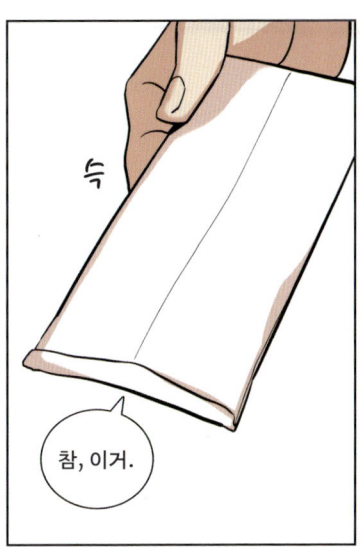

돌이켜보면 늘
그 친구를 닮으려
노력했다.

친구가 입는 옷,
친구가 타는 차가 곧
그에겐 성공의 기준이었다.

따라잡을 수 없는
그 거리를 줄이려 항상
허덕이는 삶을 살았다.

부정하고 싶어도…

…그는 여전히 잡을 수 없는 친구의 그림자를 쫓으며 살고 있다.

오빠! 앞에 고양이!!

어!?

4권에서 계속됩니다.

서울 자가에 대기업 다니는
김부장 이야기 3

초판 1쇄 인쇄 2025년 10월 1일
초판 1쇄 발행 2025년 10월 29일

글 명랑 그림 김병관 원작 송희구
펴낸이 김선식

부사장 김은영
콘텐츠사업본부장 임보윤
책임편집 여소연 **디자인** 서옥 **책임마케터** 이현주
콘텐츠사업1팀장 한다혜 **콘텐츠사업1팀** 윤유정, 문주연, 조은서, 여소연
마케팅2팀 이고은, 지석배, 최민경, 이현주
미디어홍보본부장 정명찬 **브랜드홍보팀** 오수미, 서가을, 김은지, 박장미, 박주현
채널홍보팀 김민정, 정세림, 고나연, 변승주, 홍수경
영상홍보팀 이수인, 염아라, 이지연
편집관리팀 조세현, 김호주, 백설희 **저작권팀** 성민경, 이슬, 윤제희
재무관리팀 하미선, 임혜정, 이슬기, 김주영, 오지수
인사총무팀 강미숙, 이정환, 김혜진, 황종원
제작관리팀 이소현, 김소영, 김진경, 이지우, 황인우
물류관리팀 김형기, 김선진, 주정훈, 양문현, 채원석, 박재연, 이준희, 이민운

펴낸곳 다산북스 **출판등록** 2005년 12월 23일 제313-2005-00277호
주소 경기도 파주시 회동길 490 다산북스 파주사옥
전화 02-704-1724 **팩스** 02-703-2219 **이메일** dasanbooks@dasanbooks.com
홈페이지 www.dasan.group **블로그** blog.naver.com/dasan_books
용지 스마일몬스터 **인쇄** (주)상지사피앤비 **코팅·후가공** 제이오엘엔피 **제본** (주)상지사피앤비

ISBN 979-11-306-6883-3 (04190)

• 책값은 뒤표지에 있습니다.
• 파본은 구입하신 서점에서 교환해드립니다.
• 이 책은 저작권법에 의하여 보호를 받는 저작물이므로 무단 전재와 복제를 금합니다.

다산북스(DASANBOOKS)는 책에 관한 독자 여러분의 아이디어와 원고를 기쁜 마음으로 기다리고 있습니다.
출간을 원하는 분은 다산북스 홈페이지 '원고 투고' 항목에 출간 기획서와 원고 샘플 등을 보내주세요.
머뭇거리지 말고 문을 두드리세요.